(Apocryphe.)

PROCLAMATION

DE

NAPOLÉON BUONAPARTE

A SES NOUVEAUX SUJETS.

CONSTITUTION

DE

L'ISLE D'ELBE.

Traduction littérale de ces deux Pièces officielles imprimées en langue italienne, à Livourne.

Par M. S. L.

A PARIS,

Chez RENAND, Libraire, rue J.-J. Rousseau, n.° 5;
Et chez les Marchands de Nouveautés.

DURRAY, IMPRIMEUR, RUE VENTADOUR, N.° 5.

MAI 1814.

PROCLAMATION

DE

NAPOLÉON BUONAPARTE

A SES NOUVEAUX SUJETS;

Suivie de la CONSTITUTION DE L'ISLE D'ELBE.

———

Habitans de l'isle d'Elbe!

Après avoir tenu sous ma domination la moitié de l'Europe, et planté mes aigles victorieuses sur les tours de Lisbonne et de Moscou, je me suis vu tout-à-coup abandonné de la fortune, dont je croyais avoir fixé l'inconstance.

Depuis deux années, au moins, la nature elle-même semblait s'être déclarée contre moi et faire cause commune avec mes ennemis. La rigueur des saisons, l'âpreté de climats sauvages, des défections inouies ont amené l'épuisement de mes forces, une continuité de revers, et par suite l'invasion de la France, de cette France que j'avais élevée au plus haut degré de gloire, et qui méconnaît aujourd'hui mes bienfaits, et me repousse dans son ingratitude.

Au moment où les armées de l'Europe, réunies sous les murs de Paris, se préparaient à emporter de vive force cette capitale et à renverser mon trône, j'eusse pu, à la tête des braves soldats et des généraux fidelles qui m'entouraient encore, disputer cette dernière conquête, et voir peut-être couronner mes efforts d'un succès inespéré. J'eusse pu du moins défendre jusqu'au dernier soupir l'entrée de la ville superbe, siége de mon vaste Empire, dans laquelle l'ennemi n'eût pénétré qu'en passant sur mon corps, et m'ensevelir avec gloire sous les débris de mon trône.

Mais j'ai préféré vivre.

J'ai jeté mes regards vers vous! vous que j'ai toujours favorisés d'une prédilection particulière, et dès que le sceptre de votre île m'a été offert, je n'ai point balancé à l'accepter.

Je viens donc régner sur vous, pour votre bonheur et pour ma gloire. Braves insulaires! je ferai de vous une nation grande, libre et heureuse. L'Univers entier enviera la félicité dont vous jouirez sous mon gouvernement paternel; et cette félicité, qui sera mon ouvrage, deviendra la meilleure réponse aux outrages, aux calomnies par lesquelles on s'efforce de me flétrir aux yeux du monde entier.

C'est dans ces principes que je proclame l'acte constitutionnel qui suit, loi fondamentale de mon nouvel Empire.

TITRE I.er

Gouvernement et Dynastie.

1. Le Gouvernement de l'île d'Elbe est monarchique.

2. Napoléon Buonaparte, né à Ajaccio, île de Corse, le 5 février 1768, est Prince souverain de l'île d'Elbe.

3. La souveraineté passera après lui à l'aîné de ses enfans mâles, naturels, légitimes ou adoptifs, et sera successivement transmise de mâle en mâle, par ordre de primogéniture.

4. Sont exclus à perpétuité du droit de succession à la couronne tous les fils naturels, légitimes ou adoptifs de Napoléon Buonaparte, nés jusqu'à ce jour.

La transmission n'est établie qu'en faveur des enfans qui pourront naître de Napoléon Buonaparte, ou qu'il adopterait par la suite·

5. La faculté d'adoption n'est accordée qu'à Napoléon Buonaparte; elle est interdite à ses successeurs.

6. La personne du Prince est inviolable.

7. L'héritier présomptif de la couronne sera désigné par le titre de *Duc de Ferraio*.

TITRE II.

Religion.

8. La religion catholique est la religion dominante de l'Etat.

9. Il y aura un évêché dans l'île, mais cet évêché ne correspondra point avec la Cour de Rome; et pour les cas où les Ministres du culte croyent devoir recourir à l'autorité du Saint-Siége, le Prince y suppléera par la sienne.

10. l'établissement et la circonscription des cures et paroisses sera l'objet de réglemens particuliers.

11. Toutes les religions, autres que la catholique, seront tolérées et protégées.

TITRE III.

Ministères.

12. Il y aura dans la principauté cinq Ministères.

Le premier Ministère comprendra la justice, la police, l'intérieur, les cultes, les manufactures, les mines, la pêche et le commerce.

Le deuxième, les finances et le trésor.

Le troisième, la guerre et la marine.

Le quatrième, la conscription militaire.

Le cinquième, les emprunts forcés, réquisitions, contributions extraordinaires, douanes et droits réunis.

13. Les Ministres sont personnellement responsables des actes de leur administration.

TITRE IV.

Représentation nationale.

14. Le principe de la souveraineté résidant essentiellement dans le peuple, la Nation sera représentée par deux Chambres;

l'une dite Chambre des patriciens, l'autre Chambre des communes.

15. La Chambre des patriciens sera composée de cinquante à soixante nobles insulaires qui seront nommés à vie par le prince.

Chaque fois qu'il y aura une vacance dans cette Chambre, le prince nommera sur une liste triple qui sera présentée par la Chambre des patriciens.

16. La Chambre des communes sera composée de cent cinquante à deux cents membres, qui seront nommés directement par les assemblés primaires de l'île, et renouvelés par tiers chaque année.

17. Les membres de ces Chambres ne recevront ni dotation, ni traitemens, ni indemnités.

18. Le prince proposera ou fera proposer les lois à la Chambre des communes. Les propositions y seront discutées; et en cas d'adoption, n'auront force de lois qu'autant qu'elles auront été approuvées par la Chambre des patriciens. Si elles sont rejetées par la Chambre des communes, celle des patriciens n'aura point à en connaître.

19. Sur la réquisition écrite et signée, soit de vingt patriciens, soit de soixante

membres des communes, les deux Chambres pourront se réunir et délibérer sur des objets importans d'utilité publique.

Il sera libre alors aux membres de l'une ou de l'autre Chambre d'émettre des propositions de lois, qui devront être discutées ensuite, adoptées ou rejetées dans les formes exprimées en l'article 17.

20. Les membres des deux Chambres ne peuvent, pendant la durée de leurs fonctions, être poursuivis ni recherchés pour leurs actions ou opinions, par les tribunaux ordinaires.

21. Ils pourront être accusés devant la Chambre des communes, qui admettra ou rejetera l'accusation ; et la Chambre des patriciens statuera, en cas d'admission, sur l'objet de l'accusation.

22. Les ministres pourront être aussi accusés devant la Chambre des communes, qui admettra ou rejetera l'accusation, sur l'objet de laquelle il sera statué par celle des patriciens.

23. Le prince ne pourra déclarer la guerre qu'autant qu'il y sera autorisé par une loi.

Les traités de paix qu'il souscrira ne seront

définitifs qu'autant qu'ils auront été approuvés par les Chambres.

24. Les impôts ne pourront être établis et perçus qu'en vertu d'une loi.

25. Néanmoins, en cas d'urgence, le prince pourra suppléer aux actes de la représentation nationale, par des décrets émanés de sa seule autorité.

TITRE V.

Division du territoire.

26. Le territoire de l'île d'Elbe est divisé en deux départemens; celui de Porto-Ferraio, et celui de Porto-Longone.

27. Chaque département sera subdivisé en sous-préfectures, et chaque sous-préfecture en cantons.

Ces subdivisions seront réglées par décrets du prince.

28. Le territoire de l'île d'Elbe reste fixé ainsi qu'il se trouve actuellement; le prince déclare qu'il renonce à toute conquête, mais qu'il ne cédera pas un pouce de ce territoire, lors même qu'une flotte ennemie de cent vaisseaux de ligne occuperait la rade de Porto-Ferraio.

TITRE VI.

Administration de la Justice.

29. Il y aura dans chaque département un tribunal civil, qui connaîtra aussi des affaires commerciales et maritimes.

3o. Il y aura à Porto-Ferraio une Cour d'appel d'où ressortiront les deux tribunaux, et qui connaîtra des affaires criminelles.

31. Les demandes en cassation ou revision de jugemens, seront portées devant le Conseil privé du prince.

32. Le prince aura le droit de faire grâce; mais Napoléon Buonaparte actuellement régnant, eu égard à son excessive indulgence, ne pourra user de ce droit.

TITRE VII.

Etat militaire et maritime.

33. Tous les jeunes insulaires, aussitôt qu'ils auront atteint l'âge de dix ans accomplis, seront tenus de se faire inscrire sur les registres de leurs communes respectives.

34. Les pères, mères, aïeux, bisaïeux et

tuteurs, seront personnellement garans et responsables du défaut d'inscription de leurs enfans, petits-enfans et pupilles.

35. Les insulaires ainsi inscrits seront désignés pour le service de mer, depuis l'âge de dix ans jusqu'à celui de dix-huit; et à compter de l'âge de dix-huit ans, ils pourront être désignés pour le service de terre.

36. Le prince ne voulant pas néanmoins nuire aux progrès de l'agriculture et du commerce, s'engage formellement à faire les levées avec modération, et en telle sorte que sur cent jeunes gens il en reste toujours deux dans leurs foyers, dont l'un pourra se consacrer au commerce, et l'autre à l'agriculture.

37. L'armée nationale de terre sera de deux mille hommes.

Il sera levé, pour le service de mer, un nombre d'hommes proportionné à la quantité de corvettes, chaloupes et bateaux qui pourront être construits.

Le prince pourra toujours prendre à sa solde plusieurs régimens étrangers.

Il pourra aussi instituer, pour la sûreté de sa personne, une garde d'honneur qui sera composée des fils de nobles et de propriétaires.

38.   Tous les hommes en état de porter les armes, depuis dix-huit ans jusqu'à soixante - quinze, seront organisés en garde nationale sédentaire.

TITRE VIII.

Finances.

39.   Tous les revenus de l'Etat provenant soit des domaines, soit des impositions, appartiendront au Prince qui sera tenu de supporter toutes les charges publiques.

TITRE IX.

Récompenses civiles et militaires.

40.   Le Prince établit deux Ordres destinés à récompenser, l'un le mérite civil, l'autre le mérite militaire.

41.   L'Ordre du mérite militaire sera nommé *Ordre de la Béquille.*

Celui du mérite civil, *Ordre du Poisson.*

42.   Les décorations, grades et pensions y annexés, seront réglés par décret du Prince.

TITRE X.

Retraite pour les Militaires, et Pensions.

43. Pour mettre à l'abri de toute inquiétude sur leur sort les braves qui se consacrent à la défense de la patrie, il sera établi quatre hôtels d'invalides de la guerre dans le département de Porto-Ferraio, et quatre hôtels d'invalides de la marine dans celui de Porto-Longone.

Chaque hôtel devra contenir au moins mille hommes.

44. Les militaires blessés qui ne voudront point se retirer aux hôtels des invalides, recevront des pensions qui seront payées dans leurs domiciles respectifs.

Elles seront fixées d'après le tarif suivant.

Il sera accordé :

Pour la perte d'un bras,
attendu qu'on peut encore
faire la guerre avec l'autre,   *rien.*

Pour la perte d'une jambe,
attendu qu'avec une jambe

de bois on est propre au service de l'intérieur. . . . *rien.*

Pour la perte des deux
bras . . . . 400 francs.

Pour celle des deux jam-
bes. 500

Pour celle d'un bras et de
deux jambes. 600

Pour celle de deux bras et
d'une jambe. . . . . . *même somme.*

*Les cuisses comptent com-
me les jambes.*

Pour celle de deux jambes
et de deux bras. 1,000

Pour celle de la tête. . . *rien.*

Déclaration du Prince.

La présente Constitution sera soumise à
l'acceptation des Assemblées primaires, qui
délibèreront en toute liberté sur son adoption ou son rejet.

Les citoyens qui voteront pour l'adoption,
sont appelés à jouir des bienfaits que promet
le gouvernement du Prince.

Quant à ceux qui opineront pour le rejet, le Prince ne voulant point faire violence à leurs opinions, ni les forcer à vivre sous des lois qui leur seraient odieuses, les bannit à perpétuité de son île, et déclare leurs biens acquis et confisqués au profit du domaine de l'Etat.

Donné à l'île d'Elbe, en notre résidence de Porto-Ferraio, le 4 mai 1814, l'an premier de notre règne.

Signé NAPOLÉON.